AF555479

ADDITION

AUX Observations de M. LAVOISIER, Député Suppléant du Bailliage de Blois, sur la liquidation de la dette exigible ou arriérée.

DEUX motions partagent l'Assemblée Nationale.

Celle de M. l'Evêque d'Autun qui propose d'admettre, dans le paiement des Domaines Nationaux, les titres de créance de toute espèce.

Celle de M, de Mirabeau qui propose de rembourser en Assignats forcés la totalité de la dette exigible ou arriérée & de retirer ensuite ces mêmes Assignats de la circulation par la vente des Domaines Nationaux.

Au milieu du conflit des opinions, j'ai osé avancer qu'aucun de ces deux plans ne donnoit la solution du problême dans toute son étendue ; que celui de M. l'Evêque d'Autun étoit insuffisant ; que celui de M. de Mirabeau, s'il

A

n'étoit modifié, seroit dangereux; qu'il ne tendoit à rien moins qu'à l'altération de toutes les valeurs, au renversement de tous les prix, à l'anéantissement de nos Manufactures, à l'émigration de nos Ouvriers. Enfin j'ai propopofé de combiner en quelque façon ces deux plans, de les neutraliser l'un par l'autre, s'il m'est pemis de me servir de cette expression qui m'est familière; comme un Pharmacien tempère la trop grande activité d'un remède, en le combinant avec un remède plus doux, & parvient ainsi à procurer le rétablissement de la santé avec les mêmes agens, dont un seul, pris séparément, auroit porté dans l'économie animale l'irritation & le désordre.

Aujourd'hui que la discussion, après avoir fait étinceler la lumière de toutes parts, ne ramène plus que les mêmes argumens, il est temps de rassembler les vérités éparses & de tirer des conséquences.

Posons d'abord les faits qui sont convenus entre tous les partis : car dans ces sortes de discussions, où chacun n'a pour objet que de chercher la vérité, il faut marcher ensemble le plus long-temps qu'il est possible & ne se séparer qu'à la dernière extrémité.

Une nouvelle création d'une somme quelconque d'Assignats est absolument nécessaire dans les circonstances où se trouvent les Finances ; c'est un premier point dont tout le monde est d'accord, & l'on ne varie que dans l'évaluation de ce qui est utile & de ce qui est possible.

Cette nouvelle création d'Assignats est indispensable, non pas, comme quelques-uns le croient, pour accélérer la vente des Domaines Nationaux & pour forcer en quelque façon les Capitalistes à les acheter ; non pas pour éviter la diminution subite de toutes les valeurs, & pour prévenir l'avilissement du capital des Domaines Nationaux eux-mêmes, seul espoir qui nous reste & qu'il est si important de ménager. Si une nouvelle création d'Assignats n'étoit déterminée que par ces motifs, j'entreprendrois de les combattre ; car le moyen proposé par M. l'Evêque d'Autun rempliroit le même objet : il le rempliroit sans secousse & sans trouble ; il établiroit une circulation particulière uniquement applicable à l'acquisition des Domaines Nationaux ; & l'échange de tous les autres effets commerçables, de toutes les marchandises & de toutes les denrées se faisant en même-temps contre Espèces & contre Assignats, il n'en résulteroit aucun désordre, aucun changement dans les prix.

Ce n'est donc pas sous ce point de vue que de

nouveaux Assignats sont nécessaires : ils le sont, parce qu'entourés de ruines de toutes parts, privés des impôts qui se percevoient sous l'ancien régime, encore incertains sur le choix & la quotité de ceux qui seront décrétés dans le nouveau, il n'existe aucun autre moyen de faire les fonds nécessaires pour les différens services de la fin de cette année & d'une partie de la prochaine.

Sans donc perdre en discussions superflues le temps qui fuit & nous échappe ; sans discréditer par de vaines déclamations la seule ressource qui nous reste ; écoutons d'abord ce que la nécessité commande ; car cette divinité impérieuse n'admet point de composition : nous examinerons ensuite ce que conseille la prudence.

Déja les 400 millions d'Assignats décrétés le 17 Avril dernier, sont consommés, ou prêts à l'être & 250 millions au moins seront encore nécessaires pour les dépenses ordinaires de cette année & de l'année prochaine. Indépendamment de ces dépenses courantes, il est indispensable de donner incessamment des à-comptes aux fournisseurs sur la dette arriérée des Départemens & d'entamer au premier Janvier les remboursemens indiqués pour cette époque. On ne peut compter jusques-là que sur de très-médiocres rentrées provenant de la vente des Domaines Nationaux : il faut donc que la Caiſſe de l'extraordinaire puiſſe ſe ſuffire à elle-même pendant les premiers mois de l'année prochaine, & ce n'eſt pas trop que de lui aſſurer une ſomme proviſoire de 150 millions pour commencer ſes opérations.

Une néceſſité impérieuſe exige donc une création, non pas inſtantannée, mais ſucceſſive de 400 millions d'Aſſignats d'ici au premier Avril prochain, & cette ſomme, ajoutée aux 400 millions déjà en circulation, formera un total de 800 millions.

Ce n'eſt pas ſans quelqu'effroi qu'on peut enviſager l'émiſſion d'une ſomme auſſi conſidérable de numéraire fictif : cépendant ſi l'on conſidère qu'elle ne fait que doubler les Aſſignats déja en circulation, qu'elle ſe répartira ſur toute la ſurface d'un grand Royaume, qu'elle y remplacera les eſpèces que l'inquiétude a fait diſparoître, qu'un capital immenſe de Domaines Nationaux mis en même-tems dans le Commerce, procurera une circulation rapide, on peut eſpérer que les difficultés ne feront pas inſurmontables, que l'augmentation des valeurs ne ſera pas exceſſive, & que nos Manufactures réſiſteront à ce choc, violent ſans doute, mais infiniment moindre que celui qu'on propose de leur faire éprouver.

Jusqu'ici tous les partis sont d'accord, du moins à de très-légères différences près, & ils sont bien forcés de se rallier sous l'étendard de la nécessité. Il me semble que je parviendrai à les réunir encore, si, après avoir prouvé que 400 millions d'Assignats sont nécessaires, je prouve également qu'une quantité plus considérable, seroit absolument superflue, même dans l'objet qu'on se propose. Je m'efforcerai toujours d'appuyer le raisonnement sur des faits.

La dette arrièrée, d'après le calcul du Comité des Finances s'élève à 1902 millions. Mais il n'y a qu'une portion peu considérable de cette dette qui soit véritablement exigible ou du moins qui le soit à jour. On ne peut pas regarder comme telle des rentes constituées sur le Clergé, dont le capital est aujourd'hui garanti par la Nation & hypothèqué sur l'universalité des Propriétés Territoriales du Royaume : on ne peut pas regarder comme exigibles des remboursemens d'Offices dont la finance n'est ni fixée, ni liquidée ; des cautionnemens de Receveurs dont les comptes ne sont ni arrêtés, ni apurés ; des fonds d'avance de Compagnies de Finance, dont l'exigibilité n'a été ſtipulée que pour le premier Janvier 1793 ; des rembourſemens même dont quelques-uns, à la vérité, ont été indiqués pour le premier Janvier prochain, mais qui peuvent, ſans injuſtice & ſans exciter de plaintes fondées, être payés ſucceſſivement pendant les premiers mois de l'année prochaine.

L'emprunt de cent vingt-cinq millions peut bien moins encore être conſidéré comme une dette actuellement exigible. Cet emprunt, aux termes du titre de ſa création, étoit rembourſable en vingt années, dont quinze encore reſtent à courir. Beaucoup d'autres emprunts ſont dans le même cas : pourquoi les ſuppoſer dès aujourd'hui exigibles en totalité ? Un débiteur qui auroit à payer à des échéances prochaines une maſſe de dettes ſupérieure à ſes moyens, croiroit avoir beaucoup fait pour l'arrangement de ſes affaires, s'il avoit pu obtenir de ſes Créanciers des termes qui s'accordâſſent avec l'époque de ſes rentrées : comment ſeroit-il poſſible qu'une opération inverſe fût avantageuſe à l'Etat & qu'il lui convînt dans un moment de criſe, où il manque de l'abſolu néceſſaire, de rendre exigibles des capitaux immenſes qui ne le feront que dans une longue ſuite d'années ?

Aſſez de Domaines Nationaux ſeront difficiles à vendre : je ne citerai que les Maisons Conventuelles, les lieux Claustraux, les Abbayes, les Terreins des Villes ; on les vendra d'autant plus mal, qu'on se pressera plus de les vendre, & qu'on mettra à la fois en vente un plus grand nombre d'objets de même nature. En ne précipitant rien, au contraire, en attendant patiemment le retour de l'aisance & de la prospérité, les Terreins des Villes deviendroient des objets de spéculation ; les Maisons Religieuses se transformeroient en Manufactures, en asyles de l'indigence, en Etablissemens publics ou particuliers de bienfaisance & d'éducation. Ainsi la Nation loin d'avoir intérêt de rapprocher les remboursemens pour brusquer les ventes, a intérêt au contraire de n'écouter que des mesures de prudence ; de se ménager des remboursemens graduels & progressifs, & de les faire cadrer avec l'époque des rentrées qu'elle est en droit de se promettre.

Je ne vois pas ce qu'on pourroit opposer à ces considérations, & je crois que ceux qui veulent bien m'accorder quelques instans d'attention, sont déjà bien convaincus qu'en renvoyant le remboursement de toutes les dettes à l'époque de leur exigibilité naturelle, la somme de 150 millions que je propoſe de faire verſer en Aſſignats à la Caiſſe de l'Extraordinaire au premier Janvier prochain, ſera plus que ſuffiſante pour mettre cette Caiſſe en état d'y ſatisfaire pendant le cours d'une grande partie de l'année 1791.

Mais, me dira-t-on, cette ſomme de 150 millions s'épuiſera inſenſiblement; les rembourſemens, pour être éloignés, ne ſeront pas pour cela diminués : un peu plus tôt, un peu plus tard, il faudra toujours y ſatisfaire, & la difficulté ne ſera que reculée.

Je répondrai que la Nation aura à la fois, dans la vente ſucceſſive de ſes domaines, les moyens d'atténuer la maſſe des rembourſemens, & de ſe procurer des fonds pour faire face à ce qui n'aura pas été éteint. Je vais développer cette idée, & c'eſt ici que le plan que je propoſe rentre, à un léger amendement près, dans celui de M. l'Evêque d'Autun.

Rien n'empêche d'admettre dès ce moment, comme il le propoſe, dans l'acquiſition des Domaines Nationaux, moitié ou les trois quarts des titres de créance de la dette exigible ou arrièrée; pourvu toutesfois que ces titres ſoient liquides, qu'ils ſoient payables au porteur, & qu'ils ne ſoient pas grevés d'oppoſitions. A quoi ſerviroit en effet de les convertir en Assignats, & de surcharger inutilement la circulation d'un papier forcé, puisqu'on peut les retirer sans contrainte, & de la propre volonté des Propriétaires ? Quand on supposeroit même que le remboursement de tous les titres de créance en Assignats ne seroit point dangereux, il suffit qu'il soit inutile pour qu'on doive le repousser.

On pourroit également admettre, dans une proportion déterminée, dans l'acquisition des Domaines Nationaux, les quittances de finance des Offices de judicature après qu'elles auroient été liquidées; les cautionnemens des comptables & les Offices de finances, après que les comptes auroient été arrêtés & apurés; les récépissés de fonds d'avance des Compagnies de finance, même avant le terme de leur exigibilité. La masse des remboursemens à faire se trouveroit ainsi diminuée à mesure des acquisitions, & les Assignats qui rentreroient en même-temps pour un quart ou pour moitié, serviroient à acquitter successivement ce qui resteroit à rembourser.

C'est ainsi qu'avec une somme médiocre d'Assignats qui circuleroit continuellement du public à la caisse de l'extraordinaire, par l'acquisition des Domaines Nationaux, & de la caisse de l'extraordinaire dans le public, par la voie des remboursemens, on parviendroit à acquitter en peu d'années, par des moyens doux & paisibles, sans injustice & sans contrainte], la masse effrayante qu'on nous présente sous le titre de dette exigible ou arrièrée.

Il me seroit facile, si je ne craignois d'abuser de votre attention, de démontrer mathématiquement que cet ordre de comptabilité est le plus naturel & le plus simple, le seul même qui soit praticable, le seul qui n'entraîne pas un bouleversement universel.

Il me suffira pour rendre cette démonstration sensible de m'appuyer sur un exemple; & puisqu'il est question d'un grand mouvement de numéraire fictif, je citerai celui de la Caisse d'Escompte; de cet établissement qui a été si calomnié, quoiqu'il méritât si peu de l'être; sans lequel il n'y auroit peut-être aujourd'hui ni Assemblée Nationale, ni Constitution; sans lequel au moins il auroit été impossible de gagner l'époque à laquelle les biens du Clergé ont été déclarés nationaux; cet établissement enfin que l'opinion publique vengera tôt ou tard, & auquel la postérité, plus juste que la génération présente, rendra la place qu'il doit occuper dans l'histoire de la révolution.

La Caisse d'Escompte, dans ses tems de prospérité, escomptoit de 40 à 50 millions par mois, & par conséquent plus d'un demi-milliard pendant le cours de l'année ; & cependant cette masse imposante de négociations se faisoit communément avec moins de cent millions de billets.

Comment le numéraire fictif se multiplioit-il ainsi entre ses mains ? C'est que le même billet qui sortoit de ses caisses par l'escompte, y rentroit bientôt par le paiement des effets du porte-feuille, & qu'il s'établissoit ainsi une circulation continuelle des caisses dans le public, & du public dans les caisses.

La caisse de l'extraordinaire, dans le plan que je propose, se trouveroit dans une position toute semblable. Le produit de la vente des Domaines Nationaux lui procureroit des rentrées habituelles, & ces rentrées seroient continuellement employées en remboursemens.

Ces dispositions présenteront peut-être quelquelques motifs d'inquiétude aux personnes peu versées dans les affaires : elles craindront que dans ces mouvemens multipliés & successifs d'entrées & de sorties, la comptabilité ne devienne obscure, & qu'on ne puisse mettre en circulation plus d'Assignats que l'Assemblée Nationale n'en aura décrété. Il est plus commode pour leur imagination, facile à s'allarmer, de dire : Je dois 1900 millions, je fais pour une somme égale d'Assignats que je donne en paiement, & j'en ordonne la brûlure à mesure des rentrées.

Mais ce qui paroît simple en spéculation, ne l'est pas toujours dans la pratique. La véritable simplicité, celle dont la nature nous donne continuellement des exemples, consiste à employer le moins de force qu'il est possible pour produire un effet quelconque. Or, certainement lorsqu'on peut arriver précisément au même but, il est plus conforme à cette Loi d'opérer avec 400 millions d'Assignats, que d'opérer avec deux milliards.

La comptabilité, au surplus, n'est pas beaucoup plus compliquée dans un cas que dans l'autre : les livres de la Caisse d'Escompte en fournissent la preuve, & l'on y trouvera des exemples de toutes les précautions dont la prudence humaine peut s'aviser pour prévenir les erreurs & les infidélités.

La célérité des remboursemens dans cet ordre de choses dépendroit, comme l'on voit, de la célérité des ventes, & l'intérêt que le Gouvernement a de se libérer promptement, se trouve malheureusement contrarié par les facilités même que l'Assemblée Nationale a cru devoir donner pour le terme des paiemens. Revenir contre le Décret qui accorde un délai de 12 années, feroit susceptible des plus grands inconvéniens; ce feroit repousser les Fermiers & les Habitans des Campagnes, & les mettre hors d'état d'entrer en concurrence avec les Capitalistes des Villes. Mais peut-être pourroit-on concilier tous les intérêts en accordant une prime de 2 ou de 4 pour cent à ceux qui paieroient comptant.

Il est un ordre de créanciers très-nombreux sur le sort desquels je n'ai pas peut être suffisamment insisté dans mes précédentes observations, & dont la position exige quelques détails.

Les titulaires d'offices n'en sont pas toujours les vrais propriétaires : ils ont souvent emprunté par privilége sur la Finance de leur office, & ont fait un transport jusqu'à due concurrence.

Les Membres des Compagnies de Finance & les comptables sont presque tous dans ce même cas : il en est peu qui soient propriétaires de la totalité de leurs fonds d'avance : ces fonds leur ont été fournis par des prêteurs auxquels ils ont passé des obligations qui échoient à la fin du bail ou de la régie ; ils leur ont en même tems donné en nantissement des récépissés de fonds d'avance pour sûreté de leur capital, & remis des billets au porteur pour sûreté des intérêts.

Cet ordre de Créanciers de l'Etat ne peut pas acheter des Domaines Nationaux avec des fonds dont ils ne sont pas propriétaires; & quand même les prêteurs y consentiroient, sous la réserve du transport de leur privilège & de tous leurs droits, il ne conviendroit qu'à un petit nombre de personnes de placer à trois pour cent en Domaines Territoriaux, des fonds empruntés, dont il faudroit payer cinq pour cent d'intérêt.

La justice exige que l'Etat, en se libérant envers cette classe de Créanciers, les mette eux-mêmes en état de se libérer : mais comme le plan de M. l'Evêque d'Autun ne leur en fournit aucun moyen, je me suis trouvé forcé de l'abandonner ici & d'adopter un amendement puisé dans le Plan de M. de Mirabeau. C'est par cette raison que j'ai demandé qu'il ne fût admis dans l'acquisition des Domaines Nationaux que la moitié ou les trois quarts de titres de créance, & que le surplus fût payé en Assignats; afin qu'il en résultât un fonds qu'on pût employer à l'amortissement du genre de créance dont il est ici question, & que ceux qui ont prêté à l'Etat, & qui doivent eux-mêmes, puissent recevoir d'une main & payer de l'autre. Voici comment je conçois qu'on pourroit remplir cet objet.

Il est d'abord sensible que les offices en général, soit de Judicature, soit de Finance n'étant pas des effets au porteur, mais étant susceptibles d'oppositions, il n'est pas possible d'en recevoir pour comptant le titre dans l'acquisition des Domaines nationaux, sans un examen provisoire : il faut en fixer la Finance & prendre une forme quelconque pour conserver le droit des opposans. On ne peut donc se dispenser de faire une liquidation & d'échanger le titre originaire contre un autre quel qu'il soit. Ces nouveaux titres se nomeront Quittances de Finance, Billets d'Achats, Obligations Nationales, ou recevront telle autre dénomination que l'on voudra; peu importe, pourvu que le sens en soit bien défini.

Il me semble que ces Billet d'Achats devroient être de deux espèces : les uns seroient délivrés à tous les propriétaires d'offices sur lesquels il n'auroit point été fait d'opposition ; ils seroient au porteur & seroient pris pour comptant sans autre formalité dans l'acquisition des Domaines Nationaux. Les autres au contraire seroient en nom ; ils feroient mention des oppositions qui auroient

été

été faites, & ils ne pourroient être reçus pour comptant dans l'acquisition des Domaines Nationaux, qu'autant qu'on rapporteroit en même-tems main-levée de ces oppositions. On couperoit ces Billets d'Achat de telle manière que les Titulaires le jugeroient à propos, afin qu'ils pussent eux-même les remettre en nantissement à leurs prêteurs, s'ils le desiroient. Les Billets d'achat, qui à une certaine époque n'auroient point, été employés en acquisition de Domaines nationaux, seroient remboursés en Assignats en un ou plusieurs paiemens égaux, & l'époque où ces remboursemens seroient consommés seroit le terme de toutes les liquidations particulières. Les premiers 150 millions versés à la Caisse de l'Extraordinaire, plus, la portion payée comptant sur le prix des acquisitions formeroient les fonds nécessaires pour les remboursemens.

La forme seroit à peu près la même pour les fonds d'avance des Compagnies de Finance; mais les Billets d'intérêts étant la plupart au porteur & pouvant même n'être plus entre les mains des prêteurs auxquels ils ont été originairement délivrés, on se jetteroit dans des difficultés interminables, si on vouloit en opérer le remboursement sur le champ; & c'est une raison qui, jointe à beaucoup d'autres, m'a fait penser qu'il convenoit de ne rien changer à l'époque de l'exigibilité des fonds. Les propriétaires desdits fonds d'avance, soit qu'ils fussent titulaires ou non, pourroient être admis avant le terme de l'exigibilité à les donner pour comptant dans l'acquisition des Domaines nationaux. La masse des remboursemens à l'époque de l'exibilité seroit diminuée d'autant ; & si malgré ce soulagement la Caisse de l'extraordinaire se trouvoit au premier Janvier 1793 hors d'état d'acquitter le restant en totalité, mieux vaudroit encore créer à cette époque pour une somme modique de nouveaux Assignats, que d'en créer aujourd'hui pour une somme immodérée.

Il paroîtra juste sans doute qu'il soit attaché aux billets d'achats un intérêt de cinq pour cent, lequel pourroit être joint au capital, & bonifié à titre de prime dans l'acquisition des Domaines Nationaux : L'engagement que l'Assemblée Nationale a pris avec elle-même & avec la Nation, relativement à la dette publique, ne semble pas lui permettre de fixer l'intérêt au-dessous de ce taux. Les Compagnies de Finance continueroient également à jouir de l'intérêt qui a été attaché à leurs fonds d'avance, en vertu des Décrets de l'Aſſemblée Nationale, ainſi que des émoluments accordés à leur travail. Ces émolumens ont été fixés d'une manière ſi économique, qu'ils n'équivalent pas à plus d'un pour cent de l'intérêt des avances. Ainſi les fonds des Compagnies, même en y comprenant le prix du travail, coûtent encore moins à l'Etat que l'emprunt de 125 millions, & que la plupart de ceux faits par le Gouvernement depuis quinze ans.

On voit que dans ce plan toute la dette arrièrée, qu'on a qualifiée du titre de dette exigible, ſeroit en peu d'années, ou amortie par l'acquiſition des Domaines Nationaux, ou rembourſée en Aſſignats, leſquels viendroient eux-mêmes s'éteindre dans les dernières acquiſitions. L'Etat ſe trouveroit libéré ſans aucun acte de violence & de contrainte, ſans aucune réduction ſur les capitaux, ni ſur les intérêts, en devançant même l'époque des engagemens qu'il avoit contractés, & en offrant à chacun le choix du genre de placement qui conviendroit le mieux à l'état de ſes affaires & de ſa fortune. Il eſt probable qu'une opération de cette nature, confiée à des mains habiles, ſeroit conſommée en trois ou quatre années tout au plus.

On ne doit pas ſe diſſimuler qu'en dernier

résultat, il restera d'une part des Domaines Nationaux invendus, de l'autre des portions d'Assignats non retirés. Il faudra bien, tôt ou tard, balayer ces derniers vestiges de papier-monnoie. Je proposerois, pour y parvenir, d'indiquer d'avance une époque fixe, passée laquelle les Assignats cesseroient d'avoir un cours forcé, & d'offrir un autre emploi à ceux qui n'auroient pas voulu les échanger contre les Domaines Nationaux.

J'ai cherché à présenter, dans le projet de Décret ci-joint, l'ensemble du plan que je conçois. Il paroîtra compliqué à ceux qui n'ont pas l'habitude de ce genre d'affaires. Il m'auroit été facile de le rendre plus simple, en m'abstenant de suivre les détails jusques dans leurs dernières ramifications ; mais je me serois reproché d'avoir dissimulé les difficultés. J'en développerois de bien plus grandes, si j'entreprenois de soumettre à la même épreuve les autres plans qui ont été proposés.

PROJET DE DÉCRET

Pour la liquidation & le remboursement de la dette exigible ou arrièrée, pour servir de suite aux observations lues par M. LAVOISIER à la Société de 1789.

VENTE DES DOMAINES NATIONAUX.

ARTICLE PREMIER.

La totalité des Domaines qui sont à la disposition de la Nation seront mis en vente, à l'exception des Forêts, sur la disposition desquelles l'Assemblée Nationale se propose de statuer définitivement, lorsqu'elle aura réuni les avis des Directoires, de Département, de District & des Municipalités, ainsi qu'il a été statué par son Décret du 6 Août dernier.

ART. II.

Il sera incessamment formé un état général

des Domaines Nationaux, avec une eſtimation de leur valeur. Cet état ſera imprimé, & l'extrait en ſera publié & affiché dans chaque Département & chaque Diſtrict.

CRÉATION D'ASSIGNATS.

ARTICLE PREMIER.

Il ſera créé une quantité d'Aſſignats ſuffiſante pour ſubvenir aux dépenſes publiques ordinaires de la fin de cette année & de la ſuivante, & pour les rembourſemens qui ſeront ci-après indiqués.

ART. II.

Il n'en ſera point créé de ſomme au-deſſous de deux cens livres, juſqu'à ce que l'Aſſemblée Nationale ait pu s'éclairer ſur les avantages & les inconvéniens d'une plus grande diviſion, & qu'elle connoiſſe, d'une manière plus préciſe, le vœu & les beſoins du commerce de la Capitale & des Provinces.

ART. III.

L'émiſſion des Aſſignats ſe fera ſucceſſivement

& à mesure des besoins. La quantité qui en sera mise à-la-fois en circulation, ne pourra jamais excéder 800 millions dans ses plus grandes limites, y compris les quatre cents millions précédemment décrétés : mais les mêmes Assignats qui rentreront par la vente des Domaines Nationaux pourront être remis en circulation & employés aux remboursemens ci-après indiqués, d'après la forme de comptabilité qui sera fixée.

Art. IV.

Il sera rendu compte chaque mois à l'Assemblée par des Commissaires nommés à cet effet, de la situation de la Caisse de l'extraordinaire. L'état qui sera par eux formé & certifié présentera la somme totale des Assignats fabriqués, de ce qu'il en reste en Caisse, de ce qu'il en circule dans le public & de ce qui en aura été remis successivement en circulation. Cet état sera inséré dans le Procès-verbal & rendu public.

Art. V.

Les Assignats, qui sont en émission ou qui y seront mis dans la suite en vertu du présent Décret, porteront trois pour cent d'intérêt jusqu'au 15 Avril prochain. Ils n'en porteront plus aucun passé cette époque.

MODE DES PAIEMENS.

ARTICLE PREMIER.

Le paiement des Domaines Nationaux sera fait aux époques & dans les termes précédemment décrétés par l'Assemblée Nationale : mais ceux qui payeront au moins moitié du prix total de la vente dans le mois qui suivra l'adjudication, jouiront d'une déduction ou prime de quatre pour cent sur leur premier paiement.

ART. II.

Indépendamment de cette prime, ceux qui payeront en totalité & en un seul paiement, dans le mois qui suivra l'adjudication, le prix de leur acquisition, seront admis à en fournir les trois quarts en titre de créance de la dette exigible ou arriérée, tels qu'ils seront ci-après spécifiés, & le surplus à leur choix, ou en espèces, ou en Assignats : ceux qui payeront moitié ou plus, immédiatement après l'adjudication, seront admis à faire entrer dans ce premier paiement & dans les ſuivans moitié en titres de créance. Ceux qui payeront moins de moitié du prix de leur acquiſition ſeront obligés de payer en Eſpèces ou en Aſſignats.

Art. III.

Les titres de créances ne pourront être admis dans une proportion plus forte que celle portée en l'article précédent ; mais tout Acquéreur aura la faculté de fournir en paiement plus d'Eſpèces, ou d'Aſſignats, s'il le juge à propos, même la totalité du prix de ſon acquiſition.

Art. IV.

Seront reçus comme Eſpèces ou Aſſignats dans l'acquiſition des Domaines Nationaux tous titres de créance échus & non ſuſpendus, ou qui n'auroient plus que trois mois à courir juſqu'à l'époque de leur échéance.

Art. V.

Seront reçus comme Effets & dans la proportion fixée par l'article II, tous les titres de créance généralement quelconques de la dette publique, à l'exception de la dette constituée, soit en perpétuel, soit en viager, quelle que soit son origine.

Art. VI.

Il ne sera au surplus rien changé à l'époque de l'exigibilité des créances Nationales, l'Assemblée Nationale réservant aux Législatures suivantes d'avancer le terme des remboursemens, si les circonstances le permettent ou l'exigent.

Art. VII.

Aucun titre de créance non liquide, & qui ne sera pas payable au Porteur, ne pourra être admis en paiement avant que la liquidation n'en ait été faite, & que toutes les oppositions n'aient été levées. Et à l'égard des Offices de Finances & des Cautionnemens, avant que les comptes n'aient été rendus & apurés.

MODE DE LIQUIDATION DES CRÉANCES.

ARTICLE PREMIER.

Les Offices de Judicature & de Finance, les cautionnemens, les indemnités relatives aux dixmes inféodées & en général tous les titres de créance susceptibles d'opposition & qui ne seront pas au Porteur seront liquidés dans la forme qui sera prescrite par l'Assemblée, d'après le rapport du Comité de liquidation; & aussi-tôt que la Finance en aura été fixée, ils seront remboursés en Quittances de finance ou en Billets d'achat portant cinq pour cent d'intérêt la première année, & quatre pour cent les suivantes, lesquels pourront être coupés en autant de parties que les Propriétaires le jugeront à propos jusqu'à concurrence de 1000 livres & non au-dessous, à moins que le titre total ne soit lui-même d'une somme moindre que de 1000 livres.

ART. II.

Lesdites Quittances de finance ou Billets d'achat seront passibles de toutes les mêmes oppositions que le titre originaire ; mais ceux qui auront droit de les former, ne pourront refuser leur consentement à la conversion du titre en Quittances de finance ou Billets d'achat, sous la réserve de tous leurs droits.

Art. III.

Les Créanciers privilégiés sur les Offices, sur les cautionnemens, ou sur les fonds d'avance, pourront exiger le dépôt pardevant Notaires d'une Quittance de Finance ou Billet d'achat d'une somme égale au montant de leur créance, même en faire emploi pour leur propre compte en acquisitions de Domaines Nationaux ; & alors ils seront tenus de justifier de la Quittance & décharge qu'ils auront donnée au Titulaire, lequel se trouvera quitte envers eux jusqu'à due concurrence.

Art. IV.

Les Opposans qui n'auront pas voulu recevoir en remboursement une Quittance de finance ou Billet d'achat, seront tenus de se borner à des actes conservatoires, & ils ne pourront faire aucune poursuite pour le payement de leur créance, jusqu'à l'époque du remboursement des Quittances de finance ou Billets d'achat, qui sera ci-après fixé, nonobstant toute stipulation contraire. Ils auront droit en attendant à l'intérêt attaché auxdites Quittances de finance ou Billets d'achat, & leur opposition formera en même-tems leur sûreté pour le capital & pour les intérêts.

ART. V.

La même forme sera suivie à l'égard des effets de la dette publique, déposés en nantissement : il ne pourra être fait à leur égard que des actes conservatoires, jusqu'à l'époque du remboursement desdits effets.

ART. VI.

Nulle opposition, ou signification relative à la liquidation, ne sera valable qu'autant que l'original de l'opposition & de la signification aura été visé par le liquidateur qui sera nommé, & qu'il en aura été fait relation sur les Registres qui seront montés à cet effet.

FONDS D'AVANCE DES COMPAGNIES DE FINANCE.

ARTICLE PREMIER.

Les fonds d'avance des Compagnies de Finance leur feront rembourfés à l'expiration de leur traité, ainfi & de la même manière qu'il a été ftipulé avec elles ; & en attendant elles jouiront de l'intérêt à cinq pour cent de leurs avances, enfemble des émolumens attribués provifoirement à leur travail, par les Décrets de l'Affemblée Nationale.

ART. II.

Pourront néanmoins les Propriétaires defdits fonds d'avance, foit qu'ils foient Titulaires, Créanciers privilégiés, ou Ceffionnaires defdits fonds, en demander la converfion en Billets d'achats, avant l'exigibilité defdits titres. Et lefdits Billets d'achat feront admis dans l'acquifition des Domaines Nationaux, dans les proportions ci-deffus fpécifiées.

REMBOURSEMENT DES TITRES DE CRÉANCE NON EMPLOYÉS DANS L'ACQUISITION DES DOMAINES NATIONAUX.

ARTICLE PREMIER.

Les Billets d'achat qui, à la fin de 1791, n'auront pas été employés dans l'acquisition des Domaines Nationaux, seront remboursés par la Caisse de l'Extraordinaire, en capitaux & intérêts, par quarts, dans le cours de quatre années au plus, ou suivant un ordre de créance qui sera incessamment arrêté; ensorte que la totalité des remboursemens soit effectuée à la fin de 1795. Les fonds rentrés à la Caisse de l'Extraordinaire, soit en espèces, soit en Assignats, pendant l'année 1791 & les suivantes, seront spécialement affectés à cet objet, sans pouvoir être appliqués à aucun autre, sous quelque prétexte que ce soit.

ART. II.

Les Assignats qui, à l'époque du premier Juillet 1796, n'auroient pas été éteints par l'acquisition des Domaines Nationaux, cessetont d'avoir un cours forcé ; mais ils feront reçus dans un emprunt portant quatre pour cent d'intérêt qui fera ouvert à cet effet à ladite époque du premier Juillet 1796. Et ne pourra ledit emprunt excéder le capital des Assignats qui resteront alors en circulation.

Nota. Ce projet de Décret paroîtra excessivement long ; mais j'ai cru que dans une opération de cette importance, il étoit nécessaire que l'œil pût en mesurer toute l'étendue. L'Assemblée Nationale peut au surplus s'attacher aux articles principaux, & renvoyer au Comité de Liquidation pour tout ce qui peut regarder le mode de paiement & de liquidation.

www.ingramcontent.com/pod-product-compliance
Lightning Source LLC
LaVergne TN
LVHW010404240826
846091LV00019B/2711

9782019973971